BEI GRIN MACHT SICH IHR WISSEN BEZAHLT

- Wir veröffentlichen Ihre Hausarbeit, Bachelor- und Masterarbeit

- Ihr eigenes eBook und Buch - weltweit in allen wichtigen Shops

- Verdienen Sie an jedem Verkauf

Jetzt bei www.GRIN.com hochladen und kostenlos publizieren

Bibliografische Information der Deutschen Nationalbibliothek:

Die Deutsche Bibliothek verzeichnet diese Publikation in der Deutschen Nationalbibliografie; detaillierte bibliografische Daten sind im Internet über http://dnb.d-nb.de/ abrufbar.

Dieses Werk sowie alle darin enthaltenen einzelnen Beiträge und Abbildungen sind urheberrechtlich geschützt. Jede Verwertung, die nicht ausdrücklich vom Urheberrechtsschutz zugelassen ist, bedarf der vorherigen Zustimmung des Verlages. Das gilt insbesondere für Vervielfältigungen, Bearbeitungen, Übersetzungen, Mikroverfilmungen, Auswertungen durch Datenbanken und für die Einspeicherung und Verarbeitung in elektronische Systeme. Alle Rechte, auch die des auszugsweisen Nachdrucks, der fotomechanischen Wiedergabe (einschließlich Mikrokopie) sowie der Auswertung durch Datenbanken oder ähnliche Einrichtungen, vorbehalten.

Impressum:

Copyright © 2016 GRIN Verlag
Druck und Bindung: Books on Demand GmbH, Norderstedt Germany
ISBN: 9783668738935

Dieses Buch bei GRIN:

https://www.grin.com/document/430032

Anonym

Gemeinsamkeiten des "Nationalismus"-Forschungsvokabulars mit dem der "NS-Volksgemeinschaft"

GRIN Verlag

GRIN - Your knowledge has value

Der GRIN Verlag publiziert seit 1998 wissenschaftliche Arbeiten von Studenten, Hochschullehrern und anderen Akademikern als eBook und gedrucktes Buch. Die Verlagswebsite www.grin.com ist die ideale Plattform zur Veröffentlichung von Hausarbeiten, Abschlussarbeiten, wissenschaftlichen Aufsätzen, Dissertationen und Fachbüchern.

Besuchen Sie uns im Internet:

http://www.grin.com/

http://www.facebook.com/grincom

http://www.twitter.com/grin_com

Inhalt

1. Einleitung 2
2. Hauptteil 2
  2.1. Ähnlichkeiten im Forschungsduktus 2
  2.2. Gemeinsamkeit der inhaltlichen Unschärfe 3
  2.3. Gleiche Prämisse: die Erklärung der Wirkungsmacht der Konzepte ... 5
3. Schlussbetrachtung 6
4. Literatur 8

1. Einleitung

Wenn die Rede von verschiedenen Weltanschauungen ist, wird häufig der „Nationalismus" „semantisch vermengt" mit anderen Begriffen, wie zum Beispiel dem „Faschismus".[1] Diese Arbeit setzt sich deshalb mit der Frage auseinander, inwieweit sich das analytische Konzept des „Nationalismus" mit der Forschung vergleichen lässt, die sich mit dem Propagandabegriff der „Volksgemeinschaft" im Nationalsozialismus befasst. Um die These zu untermauern, dass beide Forschungskonzepte ähnliche Ansätze zeigen, werde ich im Folgenden eine historisch-semantische Perspektive auf diese einnehmen. Hierzu betrachte ich mögliche Ähnlichkeiten im Forschungsvokabular, um dann anschließend die Vieldeutigkeit der Terminologien zum Anlass zu nehmen diese auch vor dem Hintergrund des Aspekts ihrer inhaltlichen Unschärfe hin zu untersuchen. Nach der Analyse weiterer Gemeinsamkeiten und Unterschiede versuche ich besonderes Augenmerk auf die Ergründung und Erklärungsversuche der Wirkungsmacht beider Modelle zu legen.

2. Hauptteil

2.1. Ähnlichkeiten im Forschungsduktus

Die erste Gemeinsamkeit, die bei dem Vergleich der beiden Forschungskonzepte auffällt, ist eine ähnliche Semantik. „Vergemeinschaftung" im Nationalsozialismus „basierte auf Gewaltpolitik, auf Exklusion und Exklusivität", mitunter fußte sie „aber auch auf Integration, Inklusion und Homogenisierung."[2] Michael Stolleis bezeichnet die „Volksgemeinschaft" als „selbstreferenzielle Phrase", da es sich dabei seiner Meinung nach vorwiegend um „Prozesse der Inklusion und Homogenisierung"[3] handele. Auch laut Dietmar Süß blieb die „Volksgemeinschaft" immer wieder ein Orientierungspunkt für soziale Ordnungen im Alltag des Nationalsozialismus.[4] In den letzten Kriegsjahren, mit zunehmender Bombardierung der Städte, diagnostiziert er Praktiken der Inklusion und Exklusion unter den „Volksgenossen", als es um die nicht ausreichenden Plätze in den Bunkern ging.[5]

Ähnliches Vokabular verwendet die Forschung zur Beschreibung des „Nationalismus". Grundsätzlich sei dieser ambivalent, da seine integrierenden Elemente untrennbar mit destruktiven verbunden seien.[6] Als „spezifische Integrationsideologie" sei der Nationalismus

---

[1] Lenhard-Schramm, *Konstrukteure der Nation*, S. 19.
[2] Von Reeken / Thiessen, *„Volksgemeinschaft" als soziale Praxis?*, S. 26.
[3] Stolleis, *Gemeinschaft und Volksgemeinschaft*, S. 38.
[4] Vgl. Süß, *Der Kampf um die „Moral" im Bunker*, S. 13.
[5] Vgl. Ebenda.
[6] Lenhard-Schramm, *Konstrukteure der Nation*, S. 23.

stets auf die Inklusion aller Nationsangehörigen ausgerichtet.[7] Auf keinen Fall handele es sich aber dabei um eine „natürliche und notwendige Form menschlicher Vergemeinschaftung."[8] Vielmehr könne man angesichts der Binarität von Nationsangehörigen und Nichtangehörigen von einer „Xenophobie als nationale[m] Imperativ" sprechen.[9]

2.2. Gemeinsamkeit der inhaltlichen Unschärfe

Die Exklusion derer, die der jeweiligen Nation fremd sind, ist also ebenfalls Kernbestandteil nationalistischen Gedankengutes.[10] Eugen Lemberg definiert „Nationalismus" als ein „System von Vorstellungen, Wertungen und Normen", das eine „Großgruppe integriert und gegen ihre Umwelt abgrenzt"[11] Gleichzeitig erhebt der „Nationalismus" einen Anspruch auf grundsätzliche Egalität.[12] Dieser Verheißungsmodus macht einen Großteil der Wirkungsmacht des „Nationalismus" aus[13], er ist aber auch Kernthema des Forschungsfeldes der „Praxeologie der Volksgemeinschaft" wie ich im Folgenden ausführen werde. Benedict Anderson, der die Nationsvorstellung einer „Imagined community" vertritt, begründete diese Ansicht darin, dass „die Mitglieder selbst der kleinsten Nation die meisten anderen niemals kennen, ihnen begegnen, oder auch nur von ihnen hören werden, aber im Kopf eines jeden die Vorstellung ihrer Gemeinschaft existiert."[14] Wenn also die Nationen aus dem Nationalismus heraus entstehen[15], so leuchtet auch dessen Einfügung in schon zuvor bestehende gemeineigene Bezugsrahmen ein. Bilder von der eigenen Nation als das „gelobte Land" oder die Vorstellung von dem „auserwählte Volk", das einen „privilegierten Status innerhalb der Völkergemeinschaft genießt und allen übrigen Nationen überlegen"[16] sei, speisen gleichermaßen die Weltanschauung des „Nationalismus", wie das philosophische Motiv des Naturrechts, die „Idealisierung des Ursprünglichen, Natürlichen und Individuellen".[17] Neben dem Einwirkung der Romantik auf den Nationalismus spielt auch ein Identitätsverlust oder Orientierungslosigkeit der Menschen als Resultat von Krisen in frühmodernen Gesellschaften eine Rolle. Eben diese sozioökonomische Umwälzungen, die mit dem ausgehenden Mittelalter einhergehen und zur Moderne überleiten, bilden das Fundament für die Entstehung

---

[7] Lenhard-Schramm, *Konstrukteure der Nation*, S. 19.
[8] Ebenda.
[9] Langewiesche, *Nationalismus im 19. Und 20. Jahrhundert*, S. 13.
[10] Vgl. Luhmann, *Gesellschaftsstruktur und Semantik*, S. 20.
[11] Lemberg, *Nationalismus*, Bd. 2, S. 52.
[12] Lenhard-Schramm, *Konstrukteure der Nation*, S. 24.
[13] Weisbrod, *Die Politik der Repräsentation*, S. 31.
[14] Anderson, *Die Erfindung der Nation*, S. 15.
[15] Vgl. Gellner, *Nationalismus*, S. 87.
[16] Lenhard-Schramm, *Konstrukteure der Nation*, S. 23.
[17] Lenhard-Schramm, *Konstrukteure der Nation*, S. 24.

des Nationalismus.[18] Dazu zählt das Verschwinden der ständischen Gesellschaftsordnung genauso wie das Aufkommen einer politischen Öffentlichkeit.[19] In der sogenannten „nationalen Sattelzeit"[20] im 18. Jahrhundert entstand dann der deutsche Nationalismus, bei dessen Etablierung auch Prozesse der Staatenbildung entscheidend waren.[21] Die Nation bot den Menschen das an, sie einzubinden, versprach ihnen einen Platz in einem neuartigen Netz, das über intrapersonale Beziehungen hinausreichte.[22] Dadurch konnte sie erst zur obersten „Rechtfertigungs-und Sinngebungsinstanz" werden.[23]

Auch im Nationalsozialismus war der Bedarf an Sinngebungsressourcen groß. Neue soziale Beziehungen und Hierarchien mussten sich in bereits existierende regionale Strukturen und das Alltagsleben einfügen.[24] Michael Ruck bezeichnet vor dem Hintergrund des Konzepts der Regionalität im Nationalsozialismus das „Dritte Reich" als ein „zerklüftetes Staatengefüge", in dem sich „regionales Sonderbewusstsein" vertieft habe.[25] Die regionale Unterschiedlichkeit in den Deutungen des „Volksgemeinschaftskonzepts" war eine Chance für seine Anknüpfungsfähigkeit. Die Auslegungen konnten vom jeweiligen beruflichen Kontext abhängen, aber auch von gewissen regionalen Anforderungen.[26] Nicht selten knüpfte das Konzept der „Volksgemeinschaft" an Traditionsmuster städtischer Repräsentationen oder an die alltäglichen Praktiken konfessioneller Milieus, aus denen sich wiederum unterschiedliche individuelle Handlungsoptionen ergaben.[27] Im Begriff „Volksgemeinschaft" laufen unterschiedliche Fäden der NS-Ideologie zusammen. „Je nach Interesse oder Situation ließ sich der Begriff nationalistisch, antisemitisch oder militaristisch auslegen. Er entsprach Blut- und Boden-oder Gleichheitsvorstellungen ebenso wie dem Leistungsgedanken, er stand für Kameradschaft und Gemeinschaft".[28] In seiner „gewollten Diffusität"[29] bedurfte die Terminologie permanenter Konkretion. Die „Volksgemeinschaft" wurde somit zu einem „Suggestionskörper"[30], der individuelle Umsetzung und Aneignung ermöglichte. Hinter den propagierten Bildern einer kollektiven Eintracht existierten weiterhin verschiedene Einstellungen zu diversen Aspekten der nationalsozialistischen Herrschaft und genau darin

---

[18] Vgl. Lenhard-Schramm, *Konstrukteure der Nation*, S. 21.
[19] Vgl. Lenhard-Schramm, *Konstrukteure der Nation*, S. 22.
[20] Planert, *Wann beginnt der „moderne" deutsche Nationalismus?*, S. 51.
[21] Vgl. Lenhard-Schramm, *Konstrukteure der Nation*, S. 22.
[22] Vgl. Ebenda.
[23] Wehler, *Nationalismus*, S. 32.
[24] Von Reeken / Thiessen, *„Volksgemeinschaft" als soziale Praxis?*, S. 24.
[25] Ruck, *Partikularismus und Mobilisierung*, S. 77.
[26] Vgl. Von Reeken / Thiessen, *„Volksgemeinschaft" als soziale Praxis?*, S. 22.
[27] Vgl. Gailus/ Nolzen, *Viele konkurrierende Gläubigkeiten – aber eine „Volksgemeinschaft"*, S. 20.
[28] Von Reeken / Thiessen, *„Volksgemeinschaft" als soziale Praxis*, S. 21.
[29] Ebenda.
[30] Mergel, Führer, *Volksgemeinschaft und Maschine*, S. 127.

vermutet die Forschung einen Beitrag zur Wirkungsmacht der „Volksgemeinschaft".[31] Je mehr sie sich in unterschiedlichen Kontexten als kompatibel erwies, desto mehr entfaltete sie ihre Integrationskraft.[32] Die Unschärfe der Begrifflichkeit eröffnete also vor allem lokalen Regionalgewalten ein „semantisches Feld"[33] und begünstigte die soziale Wirksamkeit der Utopie der „Volksgemeinschaft".[34] Die Vagheit der Bedeutung des Propagandawortes „Volksgemeinschaft" bildet also die Basis für seinen Verheißungscharakter. Es bedurfte keiner Notwendigkeit den Begriff mit einem spezifischen Inhalt zu füllen.[35]

2.3. Gleiche Prämisse: die Erklärung der Wirkungsmacht der Konzepte

Genauso wie die „Volksgemeinschaft" kein statisches Konzept darstellt, so produziert auch der „Nationalismus" nur wenig selbstständige Formen der Sinnstiftung.[36] Die Nation selbst wird dabei zur obersten Instanz der Sinnstiftung, oder auch zur „Ersatzreligion",[37] obwohl die Forschung keine allgemeinverbindliche Definition des Begriffs „Nation" liefert.[38] Die nationale Heilsverheißung, mit der der Nationalismus häufig verbunden ist, die Vorstellung, dass die eigene Nation „berufen sei eine geschichtliche Mission zu erfüllen und einer Art nationalem Elysium" entgegenzustreben,[39] erlaubt eine große Spannweite interpretatorischer Auslegung. Auch die Frage, was einen „Volksgenossen" im Nationalsozialismus auszeichnete, beantworten Historiker mit Unklarheit.[40] Die vage Formel der NSDAP, Volksgenosse sei derjenige, der „deutschen Blutes" sei,[41] ist offenbar nicht ausreichend, betrachtet man die Tatsache, dass eine „Blutzugehörigkeit" nicht unbedingt den Verbleib in der „Volksgemeinschaft" garantierte.[42] An diesem Punkt zeichnet sich im Vergleich mit dem „objektive[n] oder essentialistische[n] Nationsbegriff"[43] zumindest in der Theorie eine Gemeinsamkeit ab. In beiden Fällen ist die Zugehörigkeit zu der jeweiligen Nation nicht nach eigenem Willen veränderbar, sondern beruht „auf objektiven Merkmalen, die jedes Individuum eindeutig einer einzigen Nation zuordnen".[44] So behauptet auch der „Nationalismus", dass die Nation eine „primordiale und ewige Einheit" sei und „dass sich die

---

[31] Von Reeken / Thiessen, „Volksgemeinschaft" als soziale Praxis?, S. 21.
[32] Ebenda.
[33] Von Reeken / Thiessen, „Volksgemeinschaft" als soziale Praxis?, S. 24.
[34] Von Reeken / Thiessen, „Volksgemeinschaft" als soziale Praxis?, S. 21.
[35] Vgl. Ebenda.
[36] Vgl. Lenhard-Schramm, Konstrukteure der Nation, S. 22.
[37] Wehler, Nationalismus, S. 32.
[38] Vgl. Weber, Wirtschaft und Gesellschaft, S. 528.
[39] Lenhard-Schramm, Konstrukteure der Nation, S. 23.
[40] Von Reeken / Thiessen, „Volksgemeinschaft" als soziale Praxis?, S. 20.
[41] Ebenda.
[42] Von Reeken / Thiessen, „Volksgemeinschaft" als soziale Praxis?, S. 21.
[43] Lenhard-Schramm, Konstrukteure der Nation, S.20.
[44] Ebenda.

Menschen von Natur aus in verschiedene Nationen teile, die nicht nur in Sprache, Geschichte und Kultur verschieden seien, sondern auch durch einen spezifischen ‚Volkscharakter', der in jedem Angehörigen der jeweiligen Nation zu erkennen sei."[45] In der Praxis allerdings, war im Nationalsozialismus der Ausschluss von „Volksgenossen" zu jedem Zeitpunkt möglich.[46] Während nach Michael Wildt für die Exklusion relativ klare Kriterien gefunden werden konnten war die Zugehörigkeit der „Volksgenossen" schwieriger zu konzipieren.[47] Er sieht in dieser Tatsache auch eine Ursache für die „Gewaltpolitik" der SA. Der gewaltsame Ausschluss war seiner Meinung nach Mittel der Konturgebung für die soziale Ordnung.[48] Nur indem man permanent seine Zugehörigkeit zur „Volksgemeinschaf" demonstrierte, „ließ sich die Unsicherheit des Ausnahmezustandes durch die Annahme erträglich machen, dass man selbst die Grenze zwischen Norm und Willkür zu ziehen glaubte."[49] Schließlich lenkt die Erforschung der sozialen Praxis der „Volksgemeinschaft" die Sicht auf die Mehrdeutigkeiten, die aus den Aneignungen der Individuen erwachsen.[50] Hans Mommsen sieht in der Kriegsgesellschaft in den letzten Jahren des Nationalsozialismus ein wachsendes Durcheinander von Partikulargewalten.[51] In der Praxis des Modells der „Volksgemeinschaft" liegt also ein Unterschied zu der theoretischen Kernforderung des „Nationalismus", welche laut Ernest Gellner darin liegt, das politische und nationale Einheiten deckungsgleich sein sollten.[52] Die interpretatorische Vieldeutigkeit des „Volksgemeinschaftsbegriffs", die unter anderem zur Grundlage für die Machtübernahme der Nationalsozialisten wurde,[53] zeigt die realen Folgen der Propagierung des sozialen Modells.

3. Schlussbetrachtung

Beide Forschungsbereiche liefern Erklärungsansätze für die Anziehungskraft und Wirkungsmacht, sowohl der „Volksgemeinschaft", als auch des „Nationalismus". Gemeinsamkeiten finden sich in der Semantik. So tauchen sowohl in der Forschungsliteratur über beide Modelle zum Beispiel immer wieder Vokabeln wie „Inklusion" und „Exklusion" auf. Ein Integrationscharakter scheint beiden Konzepten ebenso eigen zu sein, wie eine ausgeprägte Form der Exklusivität. Verheißungen und Sinnstiftungen speisen sich in beiden

---

[45] Ebenda.
[46] Von Reeken / Thiessen, „Volksgemeinschaft" als soziale Praxis?, S. 21.
[47] Von Reeken / Thiessen, „Volksgemeinschaft" als soziale Praxis?, S. 20.
[48] Vgl. Wildt, Gewalt als Partizipation. S. 235.
[49] Ebenda.
[50] Vgl. Lüdtke, Herrschaft als soziale Praxis, S. 14.
[51] Vgl. Mommsen, Einleitung, S. 18.
[52] Vgl. Gellner, Nationalismus, S. 8.
[53] Kershaw, „Volksgemeinschaft", S. 6.

Fällen aus bereits bestehenden gesellschaftlichen Bezugsgrößen und aus den vielfältigen Deutungs- und Auslegungsmöglichkeiten der Terminologien. In der Theorie hat das Konzept der „Volksgemeinschaft" Gemeinsamkeiten mit dem objektiven oder auch essentialistischen Nationsbegriff. In der alltäglichen Praxis des Nationalsozialismus zeichnen sich jedoch Unterschiede ab. In einer weiteren Arbeit wäre es aufschlussreich zu untersuchen, inwieweit es sich bei dem Modell der „Volksgemeinschaft" um eine pervertierte und äußerste Form des „Nationalismus" handelt, die in der Zeit des Nationalsozialismus ihre Anwendung fand, oder ob es sich um ein neues Phänomen handelt, das losgelöst von der Nationalismus-Forschung betrachtet werden sollte.

4. Literatur

ANDERSON, Benedict. Die Erfindung der Nation. Zur Karriere eines folgereichen Konzepts, Frankfurt a.M. 2005.

GAILUS, Manfred/ **NOLZEN**, Armin. Viele konkurierende Gläubigkeiten – aber eine „Volksgemeinschaft", in: Zerstrittene „Volksgemeinschaft". Glaube, Konfession und Religion im Nationalsozialismus. Hrsg.: Manfred Gailus/ Armin Nolzen, Göttingen 2011.

GELLNER, Ernest. Nationalismus. Kultur und Macht, München 1995.

KERSHAW, Ian. „Volksgemeinschaft". Potential und Grenzen eines neuen Forschungskonzepts, in: VfZ 59. Berlin 2011.

LANGEWIESCHE, Dieter. Nationalismus im 19. Und 20. Jahrhundert: Zwischen Partizipation und Aggression. Vortrag vor dem Gesprächskreis Geschichte der Friedrich-Ebert-Stiftung, Bonn 1999.

LEMBERG, Eugen. Nationalismus, Bd. 2. Hamburg 1964.

LENHARD-SCHRAMM, Niklas. Konstrukteure der Nation. Geschichtsprofessoren als politische Akteure in Vormärz und Revolution 1848/49, Münster 2014.

LÜDTKE, Alf. Herrschaft als soziale Praxis, in: Herrschaft als soziale Praxis. Historische und sozial-anthropologische Studien, Bd. 91. Hrsg.: Alf Lüdtke, Göttingen 1991.

LUHMANN, Niklas. Gesellschaftsstruktur und Semantik. Studien zur Wissenssoziologie der modernen Gesellschaft, Bd. 4. Frankfurt a.M. 1995.

MERGEL, Thomas. Führer, Volksgemeinschaft und Maschine. Politische Erwartungsstrukturen in der Weimarer Republik und dem Nationalsozialismus 1918-1936, in: Politische Kulturgeschichte der Zwischenkriegszeit 1918-1939. Hrsg.: Wolfgang Hardtwig, Göttingen 2005.

MOMMSEN, Hans. Einleitung, in: Der „Führerstaat", Mythos und Realität. Studien zur Struktur und Politik des Dritten Reiches. Hrsg.: Gerhard Hirschfeld/ Lothar Kettenacker, Stuttgart 1981.

PLANERT, Ute. Wann beginnt der „moderne" deutsche Nationalismus? Plädoyer für eine nationale Sattelzeit, in: Die Politik der Nation. Deutscher Nationalismus in Krieg und Kriesen, 1760-1960, München 2002.

RUCK, Michael. Partikularismus und Mobilisierung. Traditionelle und totalitäre Regionalgewalten im Herrschaftsgefüge des NS-Regimes, in: Der prekäre Staat. Herrschen und Verwalten im Nationalsozialismus. Hrsg.: Sven Reichhardt/ Wolfgang Seibel, Frankfurt a.M. 2011.

STOLLEIS, Michael. Gemeinschaft und Volksgemeinschaft. Zur juristischen Terminologie im Nationalsozialismus, in: VfZ 20. Oldenburg 1972.

SÜSS, Dietmar. Der Kampf um die „Moral" im Bunker. Deutschland, Großbritannien und der Luftkrieg, in: Volksgemeinschaft. Neue Forschung zur Gesellschaft des Nationalsozialismus. Hrsg.: Frank Bajohr/ Michael Wildt, Frankfurt a.M. 2009.

VON REEKEN, Dietmar/ **THIESSEN**, Malte. „Volksgemeinschaft" als soziale Praxis?, in: „Volksgemeinschaft" als soziale Praxis. Neue Forschung zur NS-Gesellschaft vor Ort. Hrsg.: Dietmar von Reeken/ Malte Thießen, Paderborn 2013.

WEBER, Max. Wirtschaft und Gesellschaft. Grundriß der Verstehenden Soziologie, Tübingen 2002.

WEHLER, Hans-Ulrich. Nationalismus. Geschichte, Formen, Folgen. München 2001.

WEISBROD, Bernd. Die Politik der Repräsentation. Das Erbe des ersten Weltkrieges und der Formenwandel der Politik in Europa, in: Der Erste Weltkrieg und die europäische Nachkriegsordnung. Sozialer Wandel und die Formveränderung der Politik. Hrsg.: Hans Mommsen, Köln 2000.

WILDT, Michael. Gewalt als Partizipation. Der Nationalsozialismus als Ermächtigungsregime, in: Staats-Gewalt, Ausnahmezustand und Sicherheitsregimes. Historische Perspektiven. Hrsg.: Alf Lüdtke/ Michael Wildt, Göttingen 2008.

BEI GRIN MACHT SICH IHR WISSEN BEZAHLT

- Wir veröffentlichen Ihre Hausarbeit, Bachelor- und Masterarbeit

- Ihr eigenes eBook und Buch - weltweit in allen wichtigen Shops

- Verdienen Sie an jedem Verkauf

Jetzt bei www.GRIN.com hochladen und kostenlos publizieren